Herstellung und Verlag:
BoD – Books on Demand, Norderstedt
ISBN: 978-3-7534-7314-7

Für meine Töchter und Enkelkinder

"Was man als Kind geliebt hat, bleibt im Besitz des Herzens bis ins hohe Alter." (Khalil Gibran)

Irrwege ins Chaos

und andere Gedichte

Lotar Martin Kamm

Inhaltsverzeichnis

Abschiednehmen – die letzte Lösung

Der Tag zeigt seine folgenschwer tristen Seiten
im stetigen Prozedere auszuübender Pflichten,
während wir Gedanken still weiterleiten,
in der Hoffnung sich den Wünschen zu richten.

Doch nach Jahren vertrauter Zweisamkeit
am entfernten Horizont Zweifel sich erheben,
sind urplötzlich völlig unerwartet bereit,
der langen Beziehung den Laufpaß zu geben.

Was war geschehen, konnte unbemerkt wachsen
mit dieser Entfremdung trotz sicheren Hafen?
Den ernsten Sorgen weicht Befreiung durch Faxen,
die Nächte viel zu kurz, man kann nicht schlafen?

Entfremdung ohne gemeinsame Entwicklung
sich schon lang hat eingeschlichen,
verzweifelte Versuche einer letzten Forderung –
zu spät, es wird bereits stur ausgewichen.

Nach Wut und vielen Fragen folgt langes Schweigen,
verletzte Eitelkeit verdeckt die gekränkte Seele,
obwohl man ganz offen sich könnte zeigen,
kein Laut entweicht der heiseren Kehle.

Mit dem Eingeständnis der verlorenen Liebe
folgt wohldurchdachter Einsatz der neuen Lage.
Kein Platz mehr für die Befriedigung der Triebe,
was zählt, offenbart sich mit jeder gezielten Frage.

Es heißt jetzt Abschiednehmen mit ruhigem Verstand,
wie tagtäglich überall genauso geschieht.
Ein letztes Schütteln der altvertrauten Hand,
noch nette Worte ausgetauscht, man sich mal
wiedersieht.

Abschied ohne Wehmut

Der Xavier, der Xavier,
der fühlt sich wie ein Schah,
wundert sich, was geschah,
widerlich, macht sich rar.
Paßt zu ihm, na klar,
trotz guter Stimm', - voilà,
was für ein Tamtam, ein Trara.

Rassismus ganz gedehnt,
wird prosaisch abgelehnt.
Bloß nicht mal bequemt,
dann lieber völlig unverschämt
mit Neuen Rechten mitgeströmt,
sich mit diesen eher versöhnt
und trocken Migranten verhöhnt.

Der Xavier hat sich entschieden,
ist bei Reichsbürgern zugestiegen,
das läßt sich nicht mehr hinbiegen,
dazu hat er zu lang geschwiegen,
ist somit keineswegs untertrieben,
kann man wohl kaum falsch liegen,
ihn besser zu verabschieden.

Advent – so wie jedes Jahr?

Advent, Advent, ein Wohnheim brennt -
Wer hat diese Nazi-Schergen gesehen?
Oder auch wieder hierbei sie niemand kennt?
Nichts entschuldigt dieses böse Geschehen!

Advent, Advent, erneut ein Kind wurd' geschänd't.
Klar doch, in der Familie einer war's gewesen,
auch wenn niemand sich traut, ihn benennt!
Dem Opfer helfen keine Reden, keine Thesen.

Advent, Advent, ein Obdachloser auf der Straße pennt.
Die kalte Zeit nimmt ihren erbarmungslosen Lauf,
ein Taschendieb wird verfolgt, dieser ganz schnell rennt.
Der Berber sich umdreht und denkt: Was für ein Hauf!

Advent, Advent, viel zu hoch sind Gefängniswänd',
wenn unschuldig man verhaftet wurde und flucht:
"Ach, hätt' ich doch mein Glück nicht verpfänd't,
jetzt lieg' ich hier und ärger mich im Zellengeruch."

Advent, Advent, das Geheimnis bleibt latent,
kaum jemand vermag im Stillen beten.
Oh, welch Tragik hier manches trennt,
die Menge schreit, sie scheut nicht, nach ihm zu treten.

Advent, Advent, wir haben unsere Gedanken
ausgeblend't.
Im Kaufrausch begeben sich alle, völlig bedenkenlos,
obwohl jeder die Ursache der Ausbeutung kennt,
wird immer noch er hofiert, bedient und ihm gehorcht -
dem Boß.

Advent, Advent, ein Kind im Kerzenschein flennt.
Es hat nicht gehorcht, die Eltern nur die Bestrafung sehen,
während die Kinderseele längst aufgeschreckt wegrennt.-
Laßt Weihnachten in Frieden und Freundschaft geschehen.

Albtraum mit einer Brise Zuversicht

Welch vorhersehbare Tück'
sich manchmal auftut.
Es springt gar von der Schipp',
auch wenn du bist auf der Hut,
das alltägliche Glück.

Drum begreife dabei diesen Trick,
sei angeraten, nur Mut,
gestern, morgen, jeden Augenblick
kompensiert du jedwede Wut,
machst eben aus keinem Elefanten ne Mück'.

Du meinst, das sei ein starkes Stück?
Auf was wohl jene Erkenntnis ruht?
Es gäbe sowieso kein zurück?
Der ein oder andere dich ausbuht?
Wach auf, dann macht's klick.

Auf weiter Flur mal wieder dieser Nuhr

Wer verpaßt diesem Dieter Nuhr
endlich mal eine Rasur?
Billig über Angela Merkel lästern,
wahrlich ist von gestern.

Rechtes Geschmeiß
fabriziert ständig solch scheiß.
Dann sollte jener Vollpfosten
mitnichten beleidigen Christian Drosten.

Wer schon gegen FFF austeilt,
auch gern woanders verweilt.
Ohne Stil und Geist
der Nuhr beleidigt ziemlich dreist.

Das Publikum hat's in der Hand,
falls es dessen Geschmacklosigkeit erkannt.
In Zeiten der Hetze und Pöbelei
bricht dadurch die Gesellschaft entzwei.

Aber wer über eigene Witze lachen muß,
der hört wahrlich nicht den Schuß.
Auf weiter Flur mal wieder dieser Nuhr
gänzlich ohne eine Richtschnur.

Ausweglos

Kirchturm,
unten kriecht ein Wurm.
Heiligtum,
eine Bombe zündet – bumm.
Glockenläuten,
was hat das wohl zu bedeuten?
Predigt,
hat sich längst erledigt.
Sündenfall,
Aufklärung erfolgt per Überschall.
Oberstes Gebot,
hilf den Armen in höchster Not.
Moralapostel,
der mit dem dicksten Fell.
Shutdown,
was bezweckt damit dieser Clown?
Happy End,
wenn alles deshalb wegrennt.

Badeausflug fällt ins Wasser

Sonnendurchflutet die Landschaft,
Badegäste lärmend sich tummeln.
Manche auch versteckt fummeln,
andere haben sich mühsam aufgerafft.

Eine leise Brise Wind,
Kinder plantschen freudestrahlend.
Halbstarke unterwegs, prahlend,
andere sich fragen, wo sie sind.

Dunkle Wolken am Horizont,
die Menge packt aufgeregt ihre Sachen.
Schon hört man überall Donnerkrachen,
ganz schnell naht eine Schlechtwetterfront.

Regennaß, verlassen der schöne Ort,
Vögel suchen geschwind manch Wurm.
Inzwischen tobt dort draußen ein Sturm,
die Menschen sind allesamt fort.

Befehlsverweigerer, seht euch vor!

„Gewohnheiten!
Herrschaftszeiten,
zügig vorbereiten,
weg mit Empfindlichkeiten,
nicht auf Standpunkten reiten,
gar wechseln die Seiten,
vorgebene Wege beschreiten,
laßt euch anleiten!"

Die Masse betreten gafft,
sich dennoch nicht aufrafft.
Noch es niemand schafft,
obwohl der da vorn so blafft.
Wo bleibt dabei die Kraft
trotz Androhung von Haft?
Wer zehrt wohl von welchem Saft,
der müßige Gedanken strafft?

„Leute, ausgeträumt!
Wer sich jetzt aufbäumt,
den Weg als Leiche besäumt!
Da habt ihr wohl was versäumt,
egal wieviel mancher schäumt.
Dich hat zwar die Sonne gebräunt,
doch sei gewiß, mein Freund,
das war's dann, that's the point!"

Besser einen Schlußstrich ziehen

Argumente liegen auf dem Tisch,
unbestechlich, haarscharf und akkurat,
ohne Bedenken aufkeimen zu lassen.
Vom Kopf her stinkt der Fisch,
einfach widerlich, für Ausreden zu schad,
dennoch setzt sich fort jenes Hassen.

Kein Miteinander real aufkommen will,
stattdessen Gewalt und Kriege
uns Menschen tagtäglich belasten.
Es folgt ein initiierter Konsumdrill,
ausgerichtet auf unendliche Siege,
keine Friedensgespräche dazu passen.

Ganze Bibliotheken Liebe thematisieren,
in der Praxis bleibt sie fehl am Platz,
setzt sich fort das Recht grausamer Stärke.
Was muß denn noch alles passieren,
bis man bemerkt den einzig wahren Schatz,
sich erinnert all der guten Werke.

Die Rede sei nicht nur von Frieden,
sondern der Wandlung des Kosmos,
der immerfort das Leben preist.
Menschen sind nun mal verschieden,
vom Angestellten bis zum Boß,
nur die Ausbeutung besser ganzjährig verreist!

Bevor es eskaliert

Selbstvergessen durch die Altstadt schlendern
manch greise Altgenossen,
keinesfalls in sich verschlossen,
wollen nochmal die Welt verändern,
als eine Gruppe junger Leut sie trafen.

„Macht Euch doch nicht zum Affen!",
die Übermütigen ihnen vorwarfen.
„Einfach so weiterschlafen?",
der Erwin erstaunt zum Besten gab.
Das brachte die Jugend erst recht auf Trab.

Was den Alten wohl einfallen würde,
da sei doch manch unlösbare Hürde,
die nicht simpel wegzudenken sei.
„Ach, du dickes Ei!",
es dem Theo entfuhr.

Schon war der ganze Platz in Aufruhr.
Die jungen Leut suchten in Wirklichkeit
einfach nur simplen Streit.
Dazu waren die Altgenossen wiederum nicht bereit.
Welch verzwickte Zeit!

Gab es dabei noch ein Ausweg aus solcher Misere?
Daß sich das Ganze noch halbwegs friedlich kläre?
Der Fritz hatte die entscheidende Idee:
„Seht nur, das Pärchen da drüben, ist es net schee?"
Die Jungen schauten, die Alten sich von dannen trauten.

Chancenlos – wie von Sinnen

Wohlernährt, bequem und träge sitzt er gut,
der altbekannte Konsument.
Aber man kann ihm nur raten: „Sei auf der Hut,
weil Gewissenlosigkeit sich total verrennt."

„Wie mag dies wohl zu verstehen sein?",
zugleich die erstaunte Frage gestellt.
„Nun, da bist du halt dann ganz allein,
wenn das System auseinanderfällt!"

Drum sollte sich ein jeder eingestehen,
wer heute noch die Gelegenheit hat,
Zusammenhänge wirklich zu sehen,
bevor es bald lautet: Schach und matt.

Manch mediale Zeitgenossen
sich verkauften wie billige Anstandsdamen,
oftmals komplett übers Ziel hinausschossen,
egal von welch seriösem Blatt sie kamen.

Da sitzen sie nun, in trautem Einvernehmen,
gehorchend, was Obrigkeit ihnen sagt:
bucklig sich verbiegend, ohne sich zu schämen,
völlig egal. Niemand Widerspruch wagt.

Am Ende bewegt sich kaum noch was,
weil die da unten darben, die da oben siegen,
die einen leiden, andere sich vergnügen vor Spaß.
Warum das Ganze? Sie können nie genug kriegen!

Corona, zieh von dannen

Jede Medaille hat ihre Kehrseite,
Corona gerät bereits in Vergessenheit,
hierzulande eine zweite Welle ist soweit,
doch erneut Freiheit sucht das Weite.

Hinweg mit Maskenpflicht,
Feiern steht wieder auf dem Programm,
mit Knuddeln, tanzen, allen Drum und Dran,
kaum jemand von der Seuchengefahr spricht.

Hauptsache Spaß nach dem Frust,
was interessieren Merkels mahnende Worte,
stoßt auf die Partylaunepforte,
auf Gebote, Ermahnungen hat keiner mehr Lust.

Anstatt die Gefahr real zu erkennen,
trotzt man anarchisch herum,
befeuert Rechte, die Querfront eben drum,
tut sich in seiner Unlogik komplett verrennen.

Eine halbe Million Tote sind kein Pappenstiel,
Egoismus fördert diese Spaßgesellschaft,
so daß noch mehr Opfer es dahinrafft.
Heute noch relativ wenige, morgen dann ganz viel?

Das Gebot der Stunde

Sich einmischen,
wo immer nötig.
Sich artikulieren,
weil andere schweigen.
Sich verteidigen,
wenn Ungerechtigkeit waltet.

Keine Ruhe geben
in Momenten purer Gewalt.
Das fordert das Leben,
in unseren Gedanken widerhallt.

Sich einsetzen,
wo stets geboten.
Sich anstrengen,
weil jede Müh Sinn macht.
Sich wehren,
wenn Angriffe uns bedrohen.

Keine Sekunde schweigen
an Orten, wo Gebrüll zerstört.
Das will uns das Leben zeigen,
wenn sinnlose Gewalt Leute betört.

Das Schicksal meint es gut mit uns

Einer Eingebung folgend, bist du links abgebogen,
das rettete dir dein Leben.
Leises Aufatmen bei Freunden und Bekannten,
bei gewissen Verwandten, gänzlich ungelogen,
Hand aufs Herz, zugegeben,
sie nicht gerade vor Freude dir entgegenrannten.

Manchmal spielt eben Glück doch eine Rolle,
und sei es nur, der inneren Stimme zu lauschen.
Von Zufall mag man dann nicht mehr sprechen.
Bloß nicht ärgern über die ein oder andere Knolle,
man sollte dankbar sich besser austauschen,
sie einfach nur stillschweigend blechen.

Alles hat offensichtlich eben doch seinen Sinn,
auch wenn dieser uns verborgen bleibt.
Im Lärm wie im Stillen wir mit uns ringen,
uns fragen, worin wohl geht unsere Reise hin.
Haben wir unser bisheriges Leben vergeigt?
Manch einer nur meint, er könnt' ein Lied davon singen.

Dekadenz behauptet sich

Kaschieren ohne Unterlaß,
Hauptsache keiner merkt was.
Fakenews im Taumel der Realität,
noch ist's nicht zu spät.
Durchschaut dieses fiese Spiel,
bevor sie erreichen ihr Ziel.

Was kostet uns dieser Spaß?
Außer viel Geld entsprechend Haß.
Man spricht dabei von Pietät,
wer wohl an wen aneinandergerät?
Welch fragwürdiger Stil,
so gänzlich ohne Gefühl.

Was manch einer einst besaß,
morgen wächst darauf Gras.
Nützt nichts, wenn man fleht,
kein Hahn mehr danach kräht.
Reichtum bleibt stets stabil,
macht den geeigneten Deal.

Dem Leben entgegensehen

Haufenweise gute Ideen
wollen sie stets sehen.
Gar kein Problem,
bei soviel Geld angenehm.
Wird prompt geschehen,
auch ohne ihr Flehen.

Stückchenweise sie kommt ans Licht,
nicht nur hier in diesem Gedicht.
Die Wahrheit zu finden, darauf erpicht,
egal ob manch kleiner oder großer Wicht.
Genau, solch Ziel hat sein Gewicht,
schön, daß man es anspricht.

Welch interessante Weise
offenbart sich da ganz leise.
Auf daß man Liebe anpreise,
man fährt auf sicherem Gleise.
Eine wunderschöne Reise,
von der Jugend bis zum Greise.

Dem Reichtum entsagen

Kreis der Verschwiegenheit
findet sich ein in dieser Zeit,
um dennoch in Ruhe abzuwarten,
was geschieht im bunten Garten.

Man fragt nicht ohne Bedacht,
wie das Formulierte wohl gedacht.
Neugier hat etwas kindlich Vollkommenes,
ein Vorteil, statt vergammelter Käs.

Will Mensch im Chaos überleben,
muß viel mehr er dem Nächsten geben.
Verpaßt er diese notwendige Chance,
dann ist tatsächlich was Schlimmes los.

Drum verlaßt jene ewigliche Gier,
findet zurück zum ursprünglichen Wir.
Das beinhaltet jene simple Botschaft,
es hat sich endlich ausgerafft.

Denn sie wissen nicht, was sie tun

Tun sie denn, was sie nicht wissen?
Denn was sie tun, wissen sie nicht.
Wissen sie denn nicht, was sie tun?
Was sie denn nicht tun, wissen sie.
Nicht sie tun, was sie denn wissen.
Sie tun, denn sie wissen nicht was.
Denn was sie nicht wissen, tun sie.
Sie wissen, was sie denn nicht tun.
Tun sie denn nicht, was sie wissen?
Was sie denn nicht wissen, tun sie.
Nicht sie wissen, was sie denn tun.
Wissen sie denn, was sie nicht tun?

Der mit der Manie tanzt

Schleierhaft,
was manch Narzißt so schafft,
und die Menge gafft,
niemand sich aufrafft,
eine große Lücke klafft,
zwischen positivem Lebenssaft
und dem, was Trump hat verzapft.
Aber Hauptsache ekelhaft,
das gibt ihm jene Kraft,
ohne jedwede Rechenschaft,
nichts wird wirklich entlarvt.

Ohnmacht
folgt nicht unbedacht,
Politik verkracht,
USA bleiben größte Streitmacht,
trotz all der Zwietracht
kaum jemand erwacht,
das Volk wird ausgelacht,
Schicht im Schacht,
wer solches betracht',
sieht eine problematische Fracht,
na denn, gute Nacht.

Der Schein vom Sein

Phrasen dreschen allseits beliebt,
ob in Chefetagen oder in der Politik,
am Stammtisch oder zu Hause,
keiner vermißt sie, fallen sie mal aus,
zu viele gehen ihnen auf den Leim,
weil zu simpel ihr verborgener Schein.

Fakenews in den Social Media glänzen
neben Nachrichten als Infos,
während der kleine Mann verlernt,
zu unterscheiden, weil keine Zeit vorhanden
vor lauter Jobs, die garantieren
die Teilhabe am Leben, um nicht zu verlieren.

Zerbrochene Familien, Trennungen Hand in Hand,
Ablenkung soweit das Auge reicht,
Hauptsache der Spaßfaktor wird angeboten,
jedwedes Unheil anderswo ausgeblendet,
für gute Unterhaltung wird nonstop gesorgt,
ein sorgenfreies Leben dir angeblich geborgt.

Die Geister, die ich rief

Um die Ecke gedacht,
dabei Streit entfacht,
wäre doch mal gelacht,
wenn man's beigebracht.
Hat dennoch gekracht,
egal wie du's gemacht,
Schicht im Schacht.

Im Hals ein trockner Kloß,
was soll das nur bloß?
Was ist mit dir los,
wohin, denkt der Sproß.
Die Erwartung viel zu groß,
nutzen dabei keine Infos,
wie fad und kurios!

Schweißnaß aufgewacht,
morgens ziemlich aufgebracht,
du völlig unbedacht
nach jener kurzen Nacht
hast mal wieder Schmacht.
Verloren die fade Schlacht,
die nach dir tracht'.

Klingt alles ziemlich dubios,
mancher findet's famos.
Dein Blick dennoch ratlos,
von wegen grandios.
Gib dir nen Ruck und Stoß,
fall weich wie auf Moos,
wein' hinein in ihren Schoß.

Mutter Erde hat Antworten parat,
es wäre doch allzu schad,
wenn dein Geist nicht auf Draht.
Da haben wir den Salat,
nur ein winzig kleiner Grat
verantwortlich für jene Saat,
die an diese Stelle trat.

Die Qual vor der Wahl

Der Wahnsinn regiert die Welt,
genau das für etliche wohl zählt.
Schuld daran all das viele Geld.
Trump fühlt sich dabei als Held,
jener Narzißt sein Ego erhellt,
Corona für ihn entfällt,
während manch einer sich quält.

Die Medien werden weiterhin beschimpft,
Haß, Wut und Verschwörungen geimpft,
statt den Menschen wirklich zu helfen,
glaubt manch einer an rettende Elfen.
Die Wahl rückt immer näher,
schon fühlt sich Trump als Seher,
glaubt, er handelt gar fair.

Das Ende vom dramatischen Lied,
schlimmes dort in den USA täglich geschieht.
Während alle Welt erstaunt die Nase rümpft,
der blonde Dolle selbstherrlich weiterschimpft,
er habe stets alles richtig gemacht,
egal was dabei jetzt wohl entfacht.
Doch was hat's letztendlich gebracht?

Die Stimmen, die wir rufen

Rastlos das Jahr Revue passieren lassen,
na denn, hoch die Tassen,
weiterhin sinnlos prassen.
Was sollen da Gewissensbisse,
bei all dem Geschisse
der Nationalist die Fahne hisse.

Sie haben richtig gehört,
das läuft völlig ungestört,
kaum jemand darüber empört.
Werden wir das Rechte Pack nicht los?
Manno, gebt Euch nen Stoß,
nennt endlich Reiter und Roß!

Denn wenn Ihr zu lange schwankt,
manch einer vor Furcht bangt,
Euer Zögern niemand dankt.
Ihr habt's selbst in der Hand,
malt den Widerstand an jede Wand:
Identitäre sind eine Schand!

Übertriebene Hysterie manch einer sagt,
bloß weil keiner es endlich wagt,
sondern stets nötiges Handeln vertagt.
Die Neue Rechte dadurch frohlockt,
das Bürgertum hat's dann erneut verbockt,
wird wie damals simpelst abgezockt.

Noch ist es nicht zu spät,
selbst wenn in Europa rechter Wind weht,
die Politik am falschen Rad dreht.
Besinnt unbedingt, was Ihr wirklich wollt,
bevor rechter Mob uns holt,
eine bösartige Lawine auf Euch zurollt!

Eine Welt ohne Ton wäre ein einziger Hohn

Was kann schöner sein als ein Lied,
welches in keine Träume flieht,
sondern Hinweise vermittelt,
besser als durch News betitelt.

Lauschet dem Klang der Melodie,
er öffnet Tore wie noch nie,
wer sich auf ihn einläßt,
entronnen im Hier und Jetzt.

Musik dringt bis in Tiefen unserer Seele,
auf daß sie niemals wirklich fehle.
Vergessen durch zuviel Schmerz,
bricht sie am Ende manch Herz.

Erinnerungen werden dabei wach,
versüßen gar manch traurigen Tag.
Geben dennoch genügend Halt,
erfreuen Jung und Alt.

Eine Welt ohne schöne Noten
bedeutet letztlich Vorboten
auf ewiglich unerwünschte Stille.
Wer schluckt freiwillig jene bittere Pille?

Ein Funken Hoffnung aufglüht

Reizvolles Gegeneinander driften starker Emotionen
begleiten widerspenstige Gedanken,
die lassen dich unruhig schwanken,
dich fragen, warum sie dich nicht schonen.

Derweil die Welt da draußen an dir vorüberzieht,
weil im Stillstand trauriger Momente
du grübelnd dir sagst: Was für ein Ende,
wo doch ohnehin viel zu viel Leid geschieht.

Da stehst du nun, ahnungsvoll ohne jedwede Hoffnung,
die erst recht dich zögernd schier lähmen will.
Nebenan herrscht ein rauher Ton, sturer Drill,
der soll sie antreiben zu erforderlichem Schwung.

Mal eben Kriegslust ihnen wird empfohlen,
weil gewisse Herrschaften solch Wege befehlen.
Sie nehmen keinerlei Rücksicht auf all die Seelen,
und du schaust auf die Mattscheibe, ganz verstohlen.

Zauderst mit deinem Gewissen, was in dir noch steckt,
weißt zugleich zielsicher die nächsten Schritte:
Schluß damit, nicht schon wieder dulden diese Tritte,
die allzu bekannt, der Rest der Menschheit sonst verreckt.

Nein, jetzt gilt es, entschieden sehr weise zu
widersprechen,
bevor noch mehr Leid wie eh und je geschieht.
Drum lautet die Losung ganz simpel: Flieht
ihr Unbesonnenen, sonst müßt ihr mit eurem Leben
blechen.

Doch du erwachst schweißgebadet aus diesem Albtraum,
traust deinen Ohren und Augen nicht,
weißt dennoch sofort, was deine Pflicht:
Stoppt dieses bösartige Treiben, jenen Abschaum.

Eklatant ohne Bestand

Ein Fliegenschiß, ein Fliegenschiß,
der verheißt nichts Gutes.
Ein Kompromiß, ein Kompromiß,
nützt nichts, außer man tut es.

Ein Kavalier, ein Kavalier,
der wird meist gern gesehen.
Hält auf die Tür, hält auf die Tür,
als sei so gar nichts geschehen.

Ein Heimatminister, ein Heimatminister,
sorgt für viel Zoff im Bundestag.
Hat drei Geschwister, hat drei Geschwister,
manch einer ihn so gar nicht mag.

Ein besorgter Dichter, ein besorgter Dichter,
sucht stets nach tieferem Sinn.
Gehen auf die Lichter, gehen auf die Lichter,
manchmal er sich fragt: wohin?

Ein Gesellschaftsriß, ein Gesellschaftsriß,
bedeutet mal wieder Unfrieden.
Kein Hindernis, kein Hindernis,
Menschen allesamt sind doch verschieden.

Europas Gespenster tummeln sich

Hinweggefegt
manch sorgenvolle Gedanken,
leicht aufgeregt
manch platzierte Schranken,
die Grenzen markieren.
Muß das wirklich passieren?

Jede volle Stunde schlägt
manch Glocke auf dem Turm,
vielleicht sich legt
manch vermeldeter Sturm.
Nationalisten erneut hausieren,
sie haben ohnehin nichts zu verlieren!

Europas Gespenster
finden wieder zum Haß zurück.
Hinter manch Fenster
sehnt man sich nach etwas Glück.

Fahnen flatternd wehen

Im Handumdrehen,
das wirste sehen,
so vieles geschehen.
Jetzt kannste gehen,
da hilft kein Flehen,
auch kein Drehen.
Fahnen flatternd wehen,
Soldaten in Reihen stehen,
Kinder glotzend auf Zehen.
Schon wieder diese Armeen,
gar abends im Fernsehen.

Das nennen sie Leben,
nach Reichtum zu streben,
bloß nichts abgeben.
Erinnerungen aufheben,
auf perfiden Umwegen
Haß durch Straßen fegen,
manche einfach umlegen.
Im Rausche schweben,
sich nur hingeben,
in selbstgefälligen Lobreden
gewählte Intoleranz ausleben.

Fehltritte Hirngespinste?

Weise Sprüche
finden ihren Weg
in die Köpfe
manch neugierig
Dreinblickender,
ohne sie zu beeinflussen,
könnte man meinen,
was ein Trugschluß
darstellt,
weil Gedanken
sich verselbständigen
je nach Lust und Laune,
hinterlassen sie
manch merkwürdig Geraune.

Feindbilder

Wohin man blickt,
dabei die menschliche Uhr tickt.
Ein Linker und ein Rechter nickt.

Dazwischen soll's nichts geben,
stets kein Miteinander anstreben.
Was für'n armseliges Leben.

Wer die USA hochhält,
hechelt hinterher dem Geld.
So der Lauf der neuen Welt.

Was mancher ins Mikro brüllt,
in erschrockenem Ohr schrillt.
Für einige gar ein Vorbild.

Doch die Realität zeigt andere Wege.
Woran es denn nur läge,
daß man zweifelt, Kollege?

Bloß nicht hinter Kulissen schauen,
dann lieber sich nicht mehr trauen,
stattdessen Lösungen versauen.

Feindbilder stets Wege finden,
uns viel Unsinn auf die Nase binden.
Einfach so weiterschinden?

FFF erobert die Welt

Greta inzwischen in New York,
Menschen begeistert.
Manch einer zutiefst besorgt,
Reichtum uns weiterhin verscheißert.

Es zählt kein beherztes Tun,
um die Umwelt zu schonen.
Immer mehr werden nicht länger ruh'n,
solche Verbrechen sollen sich nicht lohnen.

Die Zahl der Widerstände wächst an,
ob es manch Herrschaft paßt oder nicht.
Egal was Bösartigkeit bisher ersann
oder gar erneut hintersinnig verspricht.

Die Schandtaten sind längst ausgesprochen,
jetzt geht's um gezieltes Handeln.
Zuviel wurde bisherig verbrochen
beim unerschrockenen Verschandeln.

Fridays For Future – das macht Mut,
mögen sich noch mehr hinzugesellen.
Verständlich jene Ohnmacht, jene Wut,
zu Ende jenes heuchlerische Verstellen!

Flucht vor dem Ungewissen

Reißleine ziehen,
ganz schnell fliehen.
Aber nur wohin,
macht dies denn Sinn?
Alles ständig am Wandeln,
fraglich übereifriges Handeln.

Wohlüberlegt in Ruhe planen,
damit Neugierige nichts erahnen.
Für Außenseiter eher leicht,
die große Masse sie nicht erreicht.
Häme überall Futter gefunden,
Fairneß lang schon verschwunden.

Flucht vor dem Ungewissen,
zu viele fühlen sich beschissen.
Wer mag schon ins offene Messer laufen?
Bei manchen hilft nur noch saufen,
während wenige die Kurve kriegen.
Eliten verzetteln sich in Siegen.

Doch es gibt gar keine Gewähr,
nicht von ungefähr keinen Frieden mehr.
Mensch möge rastlos auf Erden verweilen,
ihm Hunger, Elend und Kriege nacheilen.
Am Ende die Schöpfung ohnehin übernimmt:
Das All nichts bedauert, selbst das letzte Weltenkind.

Grenzenlose Freiheit

Eine Spitzmaus traf 'nen Fuchs
im leuchtend grünen Gras,
so gänzlich ohne Jux,
beide hatten ihren Spaß.

Was eher unwahrscheinlich klingt,
fast schon wie erfunden,
in manch frisches Gedächtnis dringt,
in Märchen fühlt man sich verbunden.

Drum laßt der Freiheit ihren Lauf,
setzt ihr bloß keinerlei Grenzen,
erfundene Geschichten gibt's zuhauf,
mögen tristen Alltag herrlich ergänzen.

Hauptsache demonstrieren

Widerstand sei Pflicht,
man habe dem Staat zu trotzen,
letztlich nichts dagegen spricht,
in Corona-Zeiten dennoch zum Kotzen.

Argumente werden ausgetauscht
per Alu-Hut und viel Geschrei,
Verschwörungen sind aufgebauscht,
Hauptsache man fühlt sich frei.

Demokratie muß vieles aushalten,
im Faschismus gibt's keinerlei Raum,
nichts mehr mit schalten und walten,
beendet jeder freiheitliche Traum.

Impfpflicht in vieler Munde,
von Zwang und Polizeistaat die Rede,
es gäbe kein Corona, macht die Runde,
welch gezielt gefährliche Fehde.

Solidarität mit Infizierten hält noch an,
während Ignoranten auf ihr Recht bestehen.
Ein idiotisch blauäugiger Run
will nicht den Ernst der Lage verstehen!

Hauptsache es fetzt

Kurzentschlossen
werden sie erschossen.
In Blei gegossen.
Zähflüssige Saucen
kleben beim Aneinanderstoßen.

Direkt danach
setzt sich fort der Alltag.
Immer wieder dieser Krach,
daß ich nicht ständig lach'.
Unterlegen wie beim Schach.

Gereizte Stimmung kommt auf,
jede Menge Probleme zuhauf.
Welch fragwürdiger Lauf!
Hektik beim Wochenendeinkauf,
man, wie bist du bloß drauf?!

Ganz beschissen
weinst du in dein Kissen.
Sie tun dich erneut dissen,
ohne ernsthaft zu wissen,
daß du selbst bist gerissen.

Verantwortung tragen,
sich dabei ständig beklagen.
Aber bloß nichts wagen,
schlägt manchem auf den Magen.
Viele verzweifelte Fragen.

Hauptsache quertreiben

Sie haben das Bedürfnis,
ihre Meinung sagen zu müssen,
zu demonstrieren, wo immer möglich,
lauthals Menschen anzuspucken,
Galgenschilder hochzuheben,
die Kanzlerin zu verdammen,
auf Grundrechte zu pochen,
Masken tragen zu verweigern,
von Verschwörungen zu faseln,
rücksichtslos andere zu gefährden,
Covid-19 als Lüge hinzustellen,
von Propaganda zu schwafeln,
während die Zahlen der Infizierten
stetig steigen,
immer mehr Tote zu beklagen sind.

Hinter den Worten

Welch garstige Gesellen hausen seit neuem nebenan,
sitzen da, haben Geldquellen ganz ohne Mühe.
Woher bloß diese Dreistigkeit?
Und immer mehr karren sie ran!
Von spät abends, des nachts bis in die Frühe.
Der Mob tobt, fragt sich: Wann ist's soweit?

Hinter den Worten folgen schon bald Gewalttaten,
die völlig selbstverständlich sich entladen,
von Medien und Mitläufern begleitet.
Was kann man Flüchtlingen nur raten,
die angeblich leben wie im Speck die Maden?
Wer weiteren Verlauf hierbei wohl entscheidet?

Wir nehmen es euch mal ganz simpel vorweg,
die Geschichte wiederholt sich zum x-tenmal.
Wer' s nicht glaubt, sollte besser nachlesen.
Damals lag Menschheit zerstört nach Krieg im Dreck.
Hatten sie wirklich letztlich eine Wahl?
Unbedingt. Sie horchten nur den falschen Wesen!

Hinter den Worten sich Maskierte verschanzen,
unverblümt als Rattenfänger ihr Unwesen treiben.
Gewissenlos Zwietracht überall säen.
Heute per Schußwaffen bestückt, früher per Lanzen
und anderes Gerät. Darüber noch schreiben
oder verleugnen, was Brutales geschehen?

„Gegen das Vergessen" müssen wir angehen,
bovor böse Gesellen Bürger reihenweise ablenken.
Es gilt stets, die Wahrheit aufzudecken,
zu berichten über menschenverachtendes Geschehen.
Da können sich manche noch so verrenken,
verharmlosend schweigen, die finsteren Recken.

Hinter den Worten verbergen sich böse Absichten,
die schonungslos sofort benannt werden sollten,
bevor noch mehr ungebremste Wut sich entlädt.
Es geht darum, jene Rassisten zu richten,
die zwar leugnen, daß sie solch Gewalt nicht wollten.
Tut es jetzt, nicht zögern, sonst ist's bald zu spät!

Hochmut nagt, wird nicht angeklagt

Heute red ich mir die Welt ganz bunt,
denn sie ist im All so rund.
Was für'n Schund,
du dummer Hund,
entrinnt es kritisch einem Mund.
Es öffnet sich ein mächt'ger Schlund,
gänzlich keineswegs ohne Grund.
Ich frag mich von welchem Bund,
jene hoch gefährliche Kund'?

Die Welt wird daher farblos fahl,
der Geschmack auf der Zunge schal.
Bei manch einem der Kopf ganz kahl,
eisige Stimmung auf einmal.
Wer befreit uns aus finsterem Tal?
Da hilft kein Treffen, kein Saal,
kein Spiel wie Fußball.
Hört Ihr nicht den lauten Knall,
der bringt Mensch zu Fall?

Hoffnungsschimmer

Langes Warten
am Telephon,
an der Bushaltestelle,
im Wartezimmer,
ständig und immer
jenes Hundegebelle,
der karge Arbeitslohn,
keine Früchte im Garten.

Zu kurzes Leben
in chaotischer Welt,
scheinbar ziellos,
zu viele Entbehrungen,
stets mit Belehrungen
vom Lehrer bis zum Boß,
das alles fürs Geld,
jenem blöden Streben.

Sinnfreies Durchschnaufen
mit geschlossenen Augen,
völlig entspannt,
voller Mut und Elan,
fühlt sich gut an,
nicht einfach davongerannt,
gezielte Lösungen etwas taugen,
wenn wir uns zusammenraufen.

Hoffnungsschimmer in Sicht

Angeschnallt für jene Reise,
die kurz bevorsteht.
Duchgeatmet ganz leise,
wenn Sein durcheinander gerät.

Hauptsache einen Überblick
gezielt verschaffen.
Eiskalt benutzter Trick
beim Geld zusammenraffen.

Irgendwie wollen Ziele
nicht wirklich fruchten.
Sind wohl nicht sehr viele,
die nach Lösungen suchten.

Eingesetzt so voller Elan
mit Engelsgeduld.
Jetzt müssen andere ran.
Wer hat daher die Schuld?

Manchmal Resignation
sich bahnend Wege sucht.
Mitnichten eine Option,
tröger Haß sei verflucht!

Im Bann ungelöster Probleme

Reizüberflutung
ständig dich belastet,
ohne Unterlaß.
Wo verbleibt dabei der Spaß?
Schnell geurteilt, überhastet
folgst du manch Eingebung.

Schnelllebigkeit
uns in den Bann zieht,
ohne Reflektion.
Perfektion eine Illusion?
Man vor der Verantwortung flieht,
zur Einsicht keineswegs bereit.

Menschlichkeit
ein allzu belastetes Wort,
ohne Hinterfragung.
Weltpolitik auf der Tagung?
Weder an lautem noch stillem Ort,
Ungelöstes besteht immerfort.

Im Kreislauf der Leere

Habe die Ehre,
liebe Leute,
gestern als auch morgen
ist heute
gähnende Leere.

An was sich Mann
bloß verzehre
und Frau erst kann?
Fragt nicht so naiv,
genug Opfer sich ergeben,
narzißtisch vorm Stativ –
so geschehen im Leben.

Drum schaut gelassen
ohne jedwede Bedenken,
erhebet die Kaffeetassen.
Köpfe sich umdrehen,
wenn gaffend die Menge tobt.
Was wird dabei geschehen,
wenn man sie obendrein lobt?

Habe die Ehre,
tobende Meute,
es gibt keine Zeiten,
außer daß heute
vergangenes wiederkehre.

Impulse ohne Fernweh

Den Faden verloren
Wortlos in sich gekehrt
Scheinbar orientierungslos
Auf unbekannten Pfaden unterwegs

Garantiert geschmackvolles Ambiente
In hauseigenem Garten gewachsen
Abends eine Live-Band zum Tanzen einlädt
Sorgloses Wohlfühlprogramm

Straßenlärm umgeben von Menschentrauben
Manch Hauseingang bietet Schutz
In der Kanalisation nicht nur Ratten unterwegs
Gestrandet nach Verlust von Arbeit und Beziehung

In Erinnerung an entspannte Hoffnung

Schrumpferbsen in alten Zeiten,
ohne die in unendlichen Weiten
liderliche Gedanken verweilen,
sich sputen, dereinst eilen,
um von dannen zu ziehen,
folglich leise fliehen.

Und wer den Sinn hierbei sucht,
sei vortrefflich verflucht.
Keiner sich real offenbart,
aber die Menge glotzend starrt,
ob sich noch was tut in der Not.
Zu spät, der Poet ist tot.

Irrwege ins Chaos

Klare Gedanken auf der Suche ins Nirgendwo
taumelnd im Vakuum einer Sinnlosigkeit,
allseits geflissentlich bereit
zu hinterfragen den Statuts quo.

Gegensätzliches im fragwürdigen Bann
umherirrend in Geiselhaft einer Bequemlichkeit,
keineswegs wirklich gescheit
festzustellen, was währt dauerhaft lang.

Chaotische Rückschlüsse in steter Regelmäßigkeit
zielführend neue Fragen aufwerfen,
den triebigen Verstand schärfen.
Das wäre eine Option zur Einigkeit.

Keine Gerechtigkeit

Großwildjagd
gut betagt
handelt ungefragt.
Horngeschall
von überall
bringt das Wild zu Fall.
Schrotflinten
von vorn, von hinten
lassen es sprinten.

Friedensglocken
nicht frohlocken,
vielmehr verlocken.
Diplomatie
wie noch nie
führt zu Autokratie.
Wutgedanken
dich erkranken,
Meinungen schwanken.

Erklärungsnot,
oberstes Gebot
vor sicherem Tod.
Politik
so richtig schick
hat manchen Trick.
Gewaltexzesse,
trotz Presse
gibt's auf die Fresse.

Keine Nächstenliebe

Mal soeben die Füße vertreten,
weil der Kopf so raucht,
waren letztlich ungebeten,
so was keiner braucht.

Gedanken zügig kneten,
Eure ehrenwerte Durchlaucht,
Hilfebedürftige flehten,
so viel Haß in der Tat schlaucht.

Vergeßt unnötiges Beten,
weil nichts Neues auftaucht,
sie feiern ihre dekadenten Feten,
mancher nach Leben haucht.

Kein Gewinn durch Gier

Nebelschwaden ziehen durchs Land,
in Dunkelheit gehüllt,
Menschen außer Rand und Band
Wünsche haben sich erfüllt.

Kommen keineswegs von Herzen,
Not erfinderisch ermahnt,
was entbehrt vor lauter Schmerzen,
sich Wege der Entfaltung bahnt.

Gier allerorten Spuren hinterließ,
die vermeidbar gewesen wären all die Zeit.
Doch man den Mammon pries,
zur Nächstenliebe war kaum jemand bereit.

Einmal entlassen der tiefe Groll, die Wut,
muß er ständig Opfer finden,
wache Geister sind somit auf der Hut,
lassen sich nicht mit Bösem binden.

Nur wenn das Teilen endlich einkehrt,
gerecht und ohne Hintersinn,
sich vielleicht manch Glück erneut vermehrt,
das wäre dann ein wahrhaftiger Gewinn.

Kein Stillstand

Das Gebot
ohne Not
gib Brot
für alle
keine Falle
Wut erschalle

Reinheit
Ewigkeit
nie soweit
Gedanken
offene Schranken
Menschen sich zanken

Kein Ziel verfehlt

Aufwachen, grübelnd erinnern,
was tags zuvor geschah,
ganz tief im Innern
manch Gedanke gebar.

Zweifel kommen auf,
wie meistern Probleme,
zu viele auf einem Hauf',
nicht für alles gibt's eine Creme.

Lösungen liegen auf der Hand,
obwohl nicht gleich zu ersehen.
Dennoch kein Garant
für manch unerwartetes Geschehen.

Gespräche mögen hilfreich sein,
wenn Erfahrung mit im Spiel.
Du zögerst, fühlst dich noch klein,
verlier dabei nur nicht dein Ziel.

Am Ende lernst du doch schnell,
was das Leben von dir will.
Du stehst im Licht, strahlend hell,
verweigerst dich zu Recht jedem Drill.

Kleiner Mann was nun?

Während der Werbepause hetzt du aufs Klo,
um dich vom deutschen Reinheitsbier zu befreien,
außerdem interessiert dich eigentlich sowieso
nicht die Soap, möchtest du hinausschreien.

Da hängst du jetzt halb nüchtern im Fernsehsessel,
der Aschenbecher übervoll den Raum vollstinkt,
schaust wütend in die Glotze, diese blöde Fessel,
dein Begehren, dein Mut und der Lohn ständig sinkt.

Fragen tauchen nicht erst seit gestern auf,
dein Job gefährdet, überall herrscht Zerfall,
Politikverdrossenheit, Geschichtsfälschung nimmt ihren
Lauf,
und du blickst orientierungslos zum rollenden Ball.

Mit den Nachbarn ohnehin im Klinsch verstrickt,
sehnst dich zurück nach unbeschwerten Kindheitstagen,
doch harscher Alltag macht dich nunmehr verrückt.
Tief verbittert, voller Wut hörst du dich sagen:

„Wer bestimmt über uns auf solch dreiste Art?
Was nutzen demokratisch gewollte Systeme,
wenn weltweit ein Überlebenskampf herrscht - knallhart?
Eliten alle knechten, sich lustig machen voller Häme!"

Nach kurzem Schweigen folgt bedächtiges Besinnen,
du erkennst schon längst die Zusammenhänge,
bei denen viele äußern, es gebe kein Entrinnen,
weil jeder meint mitzuspielen, haut über die Stränge.

Einer ungewissen Zukunft blickst du entgegen,
war sie das nicht all die Zeit, weil so gewollt?
Kommt den Herrschaften der Konsumrausch gelegen,
der bis in kleinste Winkel der Erde Menschen überrollt?

Kaum mehr herzhaftes Leben in den Straßen sich abspielt,
keine spielenden Kinder, dafür Genfood uns aufgezwungen.
Was gestern bekämpft, heute sorglos als normal gilt,
du dich öfters fragst, haben wir dafür in Demos gerungen?

Am Ende obsiegt der Mammon, zerfallen schöne Gedanken,
es sei denn, man jagt ihn entschieden davon,
der Zwietracht gesät, weist ihn in seine Schranken.
Siehst kleiner Mann voller Sorgen die Hoffnung schon?

Krieg ohne jedwedes Zögern

Der fünften Welt entgegen

Nach schier unendlichen Ewigkeiten
wir uns gezielt jetzt vorbereiten,
für den Ernstfall, den jeder kennt,
auch wenn die Zeit davonrennt.

Manchmal im Rückblick gar erkennen,
wir hatten stets gute Antennen,
doch niemand wahrhaben wollte,
was uns nunmehr einholte.

Dauerhaftes Zaudern Leben nimmt,
unbestreitbar jetzt auf Krieg getrimmt
Menschheit erneut hat versagt.
Weiter kein Gewissen Euch plagt?

Ja, Euch, die meist weggeschaut,
sein Kommen die Sinne beraubt,
während Massen unnötig leiden,
wegen Eurer Widerlichkeiten!

Gewiß, Vorwürfe im Raume stehen,
aber Medien einfach hinwegsehen,
weil die Hand, die ihr befiehlt,
ihnen ihr Rückgrat stiehlt.

Kann Zeit nunmehr Wunden heilen,
selbst die Klagen in jenen Zeilen?
Mitnichten, weil solch Ignoranten
meist keine Reue kannten.

Die Erde wird trübe sich fragen,
warum Menschen dies Leid ertragen,
wo doch alles hier geschenkt wurd'?
Fragwürdig und total absurd!

Kurz vorm Urteil

Gleißendes Licht
im hohen Gericht.
Bedeckt das Gesicht
vom angeklagten Wicht.
Er redet nicht,
sein Anwalt nicht erpicht,
der Staatsanwalt verspricht,
seine scharfe Sicht
ihn am Ende bricht.
Des weisen Richters Pflicht
niemand reell anficht,
wenn dieser widerspricht,
entfilzt das Dickicht,
entlarvt die Uneinsicht,
so steht's im Bericht,
fertig das Gedicht.

Liebe kann so schön sein

Strahlend weiße Zähne lächeln dich an,
ziehen dich in trauten Bann.
Irgendwann verfällst du der Verführung,
welch innig wohltuende Rührung.

Nach erstem Treffen folgen bald mehr,
du sehnst dich nach Nähe so sehr.
Sie erwidert dir ihre Gefühle,
die Bettstatt hinterlassen vom Gewühle.

Verliebt sein, auf Wolken schwebend,
geht durch Mark und ein Bein, wie belebend.
Familie und Freunde skeptisch erstaunt,
ihr beide seid trotzdem gut gelaunt.

Nichts auf Erden vermag störend wirken,
man trifft sich überall, gar unter Birken.
Manch altes Paar lächelt dem jungen Glück zu,
nach Monaten verfliege der Reiz im Nu.

Das muß nicht automatisch so sein,
nach Streit folgt auch mal wieder Sonnenschein.
Behutsam wächst solch innige Liebe heran,
wer denn bereit dazu, ob Frau, ob Mann.

Lügen brauchen keine Beine

Reizend so manch Mär,
die zum Besten gegeben,
Hauptsache ein entspanntes Leben,
egal ob dabei fair.

Nichtssagend die Kommentare,
die Medien verbreiten,
ob für Dumme oder manch Gescheiten,
jung oder alt an Jahren.

Viel Lärm um nichts,
der Schaden kaum der Rede wert,
was findige Ideen so beschert,
manch Alibi verspricht's.

Gewissenlos simpelst geprotzt,
die Menge wird's schon schlucken,
was täte es den oder anderen jucken,
manch einer sich ausgekotzt.

Es lebt die Ente, die stilvolle Lüge,
Herrschaften stets auf sicherer Seite,
drum sucht niemand wirklich das Weite,
egal wie schlimm eine Intrige.

Manchmal fast schon vorbei

Manchmal und irgendwie,
fast schon ohnegleichen,
gedankenverloren
gingst du auf die Knie,
meinst, es würde reichen,
kämst davon ganz ungeschoren.

Welch Irrtum du verfallen,
weil Argwohn ihr Sinn,
Profitgedanken das Ziel.
Sektkorken erneut knallen,
Soziales weg, einfach dahin,
ausgerissen mit Stumpf und Stil.

Manchmal und überhaupt,
fast schon der Ohnmacht
äußerst nah,
obwohl ans Gute geglaubt,
wurde bösartiges entfacht,
wie schon so oft geschah.

Welch ständige Wiederholung
Mensch sich gefallen läßt,
opfervoll, fast widerstandslos.
Keine Revolte kommt in Schwung,
auch nicht im Jetzt,
um zu reinigen rigoros.

Manchmal und zu guter Letzt,
fast schon als es zu spät,
erwachen klare Geister.
Verbannen, was aufhetzt,
damit nicht alles durcheinandergerät.
Stoppt Haß, bevor dieser immer dreister!

Maulkorb verpaßt

Es darf sich ein jeder echauffieren,
flanieren, redigieren,
manche gar dabei angeblich diffamieren.

Bloß keine falsche Scheu,
bleib dir selbst dabei treu,
ob arm oder mit Geld wie Heu.

Es darf anscheinend jeder regieren,
andere schmieren, sich nicht genieren,
gar eine Meinung diktieren.

Bloß vorneweg am Ball
bringt dich keiner zu Fall,
nicht das beste Pferd im Stall.

Es darf ein jeder fast alles zelebrieren,
zitieren, notieren,
einige gar dabei Neider hofieren.

Merkels Erbe

Janz ohne Scherz,
es kandidiert der Merz.
Hand aufs Herz,
welch Hype, welch Terz.

Mit jenen ollen Kamellen
sollt' er zerschellen,
gutgläubige Wähler verprellen,
ohne sich dabei zu verstellen.

Neoliberal geprägt der Black-Rock-Mann,
wat der angeblich so alles kann,
ziehen Kollegen mit ihm an einem Strang,
welch christlich geprägter Klang.

So was will wohl Kanzler werden,
uns die Laune mächtig verderben,
rafft auf des Merkels Scherben,
um am Ende blau sich zu färben?

Dem Merz ist alles zuzutrauen,
der mißachtet Frauen,
Rentner sollen am besten nicht ergrauen,
aufgepaßt, besser sehr genau hinschauen!

Misstöne Wege finden

Reizvolle Augenblicke inspirieren dich,
Schattenspiele an der Wand.
Was wie finstere Gestalten glich,
manche haben's erkannt.

Ein Fingerzeig ganz deutlich ward,
Musik für viel Ablenkung sorgt.
Die Menge sich um ihn wie Hennen schart,
er habe soeben 'ne neue Welt sich geborgt.

Frohlockende Aussichten erklingen,
ohne daß eine Lösung gefunden.
Davon kann manch einer ein Lied singen,
es gab schon etliche verlorene Runden.

Fakenews sogenannte Lügen ersetzen,
altbewährte Phrasen erneut zu hören.
Auf Plätzen, in Straßen sie heftig hetzen,
Verunsicherte gezielt betören.

Ach, wäre all das nur ein böser Traum,
der möglichst schnell verfliegen mag!
Doch zurück erneut politisches Braun
will niemand beherztes, ohne Frag!

Momentaufnahme

Trockenheit.
Keine Zeit
zum Nachdenken.
Immer einschenken
Wasser des Vergessens.
Mächte des Erpressens.

Den Kontext verstehen,
mit der Zeit gehen.
Die unser Leben bestimmt,
man im Mittelmeer ertrinkt.
Rassisten führen an den Ton,
welch fragwürdiger Hohn!

Fragen stellen ganz gezielt,
Masse nach Reichtum schielt.
Der Kosmos eine Vorlage,
Gewalt tritt mal wieder zutage.
Der Weisheits Schlüssel:
Glaubt an Euch ein Bissel.

Nächtliche Eingebung

Kümmerliche Gedanken
kreisen meilenweit,
sie schwanken
jederzeit
zwischen Auftanken
und zu Unsinn bereit,
während du schliefst,
im Schlafe riefst:
„Ich hab euch zu danken,
ihr seelenlos Kranken."
Jetzt kommen wir zur Ruh,
die Nacht verfliegt im Nu.

Nennt Reiter und Ross

Ausgebrannt in angespannter Haltung
ziehen Befürchtungen ihre Bahnen.
Bringen keineswegs nötigen Schwung.
Ob Herrschaften wirklich alles erahnen?

Manch Meldungen sich verdichten,
bewußt gestreut oder zufällig gar ungewollt.
Erneut auf Kurs, etliche zu vernichten.
In etwa zu weit hergeholt?

Gerüchte kursieren, kreisen wie Aasgeier herum,
Verschwörung an jeder Ecke lauert.
Den Menschen wird's inzwischen zu dumm.
Hat Politik jemals ihre Untaten bedauert?

Geschichtsbücher wälzen, eine Reise ins Leere,
außer man lernt aus der Vergangenheit,
auf daß Krieg und Elend nie wiederkehre.
Doch Mensch ist noch längst nicht soweit!

Die Weichen sinnvoll überlegt stellen,
ein Unterfangen, fast aussichtslos.
Macht läßt sich nicht simpelst prellen.
Nicht länger warten: Nennt Reiter und Roß!

Nichts dazugelernt

Welch Qual
so kurz vor der Wahl!
Apropos Kurz,
ist der wirklich schnurz?
Na, klar doch,
weil der zuviel Geld roch.

Welch Tränental
so kurz vor der Wahl!
Apropos Populisten,
die gern ihre Fahnen hißten.
Nichts dazugelernt,
Euch vom Verstand entfernt?

Welch Lärm im Saal
so kurz vor der Wahl!
Die Neue Rechte europaweit,
keineswegs gescheit all die Leut'.
Geld obsiegt mal wieder,
oh man, ist das bieder!

Niemand wirklich allein

Das Leben sei lebensgefährlich,
jetzt aber mal ganz ehrlich
und ohne blöde Gedanken,
zu zweifeln wäre beschwerlich,
man gerät dabei so ins Schwanken,
Grübeln bringt ohnehin nicht viel.

Der Fröhliche lebt nach Lust und Laune,
Trübsal blasen nie und nimmer sein Ziel.
Der Nachdenkliche lauscht manch Geraune,
während Stille ihn meist betört.
Melancholie führt oft zu Depressionen,
Aggressionen sind sowieso unerhört,
diese tun nichts verschonen, sich nicht lohnen.

Drum genießt besser jeden Tag,
morgen kann schon der letzte sein,
egal aus welchem Grund dies zu sein vermag,
die Welt dreht sich mitnichten zum Schein,
niemand ist wirklich allein.

Nonsens bricht aus

Reißleine ziehen,
dabei niederknien.
Nichts verziehen,
Boot ausgeliehen.
Kinder schrien,
wollten fliehen.

Lau im Sommergrün,
welch schöner Termin.
Es riecht ihr Parfüm,
streicheln dabei legitim.
Die Wangen glühen,
beide sich bemühen.

He had a dream,
his thoughts been clean.
You know, what I mean?
Felt like a Queen,
equal whether there's summer green
or someone will scream.

Ohne Beschluss

Im Reiz des Unmöglichen
vertiefte Gespräche
zu Lösungen führen,
wenn so gewollt
von gewissen Kräften,
die zusammenkommen,
ohne Umschweife
oder Erklärungsnot.
Welch tolles Gebot,
ein Beispiel gezielter Hilfe,
bedingungslos pragmatisch,
Realpolitik vor Ort,
weil keine Hürden vorhanden,
Mensch im Mittelpunkt steht,
so wie es sein sollte,
dies tatsächlich real auch geht.

Ohne Demut unterwegs

Mensch bezeichnet sich als zivilisiert,
welch Hohn, welch Geist,
weil er völlig ungeniert
auf Menschlichkeit scheißt, wie dreist.

Mensch eigentlich Frieden will,
Kriege bestimmen den Geschichtsverlauf,
jene Erkenntnis äußerst schrill,
setzt er doch stets einen obendrauf.

Mensch vom Paradies auf Erden schwafelt,
während Zerstörung ungebremst anhält,
obwohl er zu Verhandlungen fürstlich tafelt,
zählt am Ende Macht mit entsprechend viel Geld.

Mensch nur eine Spezies in den Weiten des Alls,
da draußen wartet auf ihn kein Gott,
es nutzt kein Hüter des Heiligen Grals,
wenn verendet die Schöpfung auf dem Schafott.

Open End

An den Taten sollst du sie messen,
die Praxis schaut gänzlich anders aus,
haben sie erst nichts zu fressen,
wird ein Riesenschuh da draus.

Hauptsache Stories uns erzählen,
die obendrein schmuck geschönt.
Was soll das unsinnige Quälen,
wer hier wohl wen verwöhnt?

Da sitzt ein Trump im Weißen Haus,
fordert gar das Militär zum Schutz.
Lebt ungeniert in Saus und Braus,
führt sich auf wie eine wildgewordene Wutz.

Das Volk geht ihm am Arsch vorbei,
America First predigt er tagaus tagein.
Bricht die Gesellschaft wegen ihm entzwei,
lobt er dennoch sich selbst nur so zum Schein.

An den Missetaten wird er eben nicht gemessen,
dessen Wählerschaft hat er längst im Sack.
Mensch, Leute, laßt Euch nicht erpressen,
sonst mobilisiert er weiterhin sein rechtes Pack.

Pein nicht nur so zum Schein

Verflixt und zugenäht,
viel zu spät,
er schließlich geht,
der wohlersonnene,
herzlich willkommene
kleine Moment.
Wir haben's verpennt,
die Zeit einfach rennt,
ohne Erbarmen.
Wer hilft den Armen?
Eine eiskalte Welt mitnichten,
da nützt kein Dichten,
kein freundliches Wort.
Stillhalten ist wie Mord,
wer schweigt,
hat's vergeigt.
Was uns das wohl zeigt?

Prophetie, wo führt sie hin?

Und macht sie tatsächlich Sinn?
Wo doch jetzt ein neues Jahr beginnt,
weil die Zeit so schnell verrinnt.
Einerlei,
fühlen wir uns frei dabei,
den Blick in ne Glaskugel zu wagen,
nur zu, bloß nicht verzagen.
Was bereits im alten Jahr geschah,
macht sich im neuen erst recht rar.
Da wäre zum einen der Brexit,
manche meinen, igitt igitt,
immer noch dieses Problem,
dat der Brite sich nicht schäm'.
Mit der Klimakrise ist längst nicht Schluß,
die meisten hausen weiterhin im Überdruß,
als ob nichts geschehen wäre.
Wer kann's jenem trögen Haß erkläre?
Kein leichtes Unterfangen,
wo doch rechte Parolen überall prangen,
gar bis hinein in den Bundestag.
Woran das wohl lag?
Neuwahlen stehen vielleicht bevor,
weil die Union dies längst heraufbeschwor.
Schnell den Sozen alles anlasten,
schon klappern die Twittertasten,
weil ne neue Doppelspitze bei der SPD am Start,
in Thüringen manch Nazi an der CDU-Tür scharrt.
Zu allem Übermut gesellt mehr Rüstung sich hinzu,
schon wird daraus nen Schuh.
Denn wer von Friedensabsichten spricht,
den interessiert Krieg und Elend nicht,
Hauptsache man macht Profit,
hilfreich sind Fake News, der Hit.
So blicken wir besorgt ins neue Jahr,

wer der Politik glaubt, ist ein Narr.
Wer aber den Kopf in den Sand steckt,
den zu viel Mißmut reichlich neckt.

Raffiniert kokettiert

Endlos ausdiskutiert,
stramm pariert,
Wirtschaft floriert,
im Theater souffliert.
Was hier wohl passiert?

Ein Paar flaniert,
er glattrasiert,
sie sich geniert.
Ein wenig kleinkariert.
Ein Gespräch stagniert?

Gut situiert,
Politik instrumentalisiert,
die Grippe grassiert,
manch einer inhaliert.
Wer hier was kaschiert?

Armut garantiert,
kaum jemand hausiert,
Ration halbiert,
zum Diebstahl verführt.
Wer das gezielt platziert?

Rendezvous hinfort im Nu

Hab noch schnell Pomade ins Haar geschmiert,
schließlich soll alles akurat sitzen,
selbst wenn nichts Aufregendes passiert,
die ein oder andere läßt dir abblitzen.
Hauptsache man zeigt alle Welt sein Ziel,
so läuft nu mal das Liebesspiel.

Hab noch schnell die Scheine gezählt,
schließlich kostet so nen Abend nicht nur Geduld,
selbst wenn man am Ende die Verkehrte wählt,
du dir selbst gibst die Schuld.
Hauptsache man präsentiert sich überlegen,
für manche wirkt's dabei verwegen.

Hab noch schnell den besten Freund um Rat gefragt,
schließlich hat der schon so manch Erfahrung,
selbst wenn danach erneut ein Kater dich plagt,
Alkohol verhindert eher ne traute Paarung.
Hauptsache man hat's wenigstens versucht,
selbst wenn man neVerfehlung danach verflucht.

Spakloghettipapierschnitzel

Hamstere hamstere manche Strecke,
daß zum bitteren Selbstzwecke
du dir retten kannst,
füllen deinen fetten Wanst.

Ob Corona oder ne andere Pandemie,
du verzagst niemals nie.
Denn mit WC-Papier massenhaft eingedeckt,
du garantiert niemals nicht verreckst.

Spaghetti und Klopapier
stehen bald Spalier,
eingekocht als wicht'ger Witzel,
ergibt Spakloghettipapierschnitzel.

Spät abends

Entgleist
zusammengeschweißt
verreist
wer hier wohl wen verscheißt

Gesoffen
keine Kohlen im Ofen
viele hoffen
an jeder Straßenecke sich zoffen

Verliebt
falls es sich ergibt
ausgeflippt
zu später Stund' am Glas genippt

Getanzt
auch mit dickem Wanst
du das kannst
hinter Ausreden sich verschanzt

Diskutiert
weltoffen ungeniert
was dabei wohl passiert
keiner verliert

Spieglein, Spieglein im deutschen Land

Spieglein, Spieglein im deutschen Land,
wer hat den wahren Retter der Nation erkannt?
Das sind die Braunen im blauen Gewand.

Spieglein, Spieglein im deutschen Land,
wer ist vor demokratischen Wahlen weggerannt?
Ach, das sind Nichtwähler, völlig ausgebrannt.

Spieglein, Spieglein im deutschen Land,
wer zieht durch die Straßen, meist brüllend bemannt?
Da ziehen Montagsspaziergänger, die zusammenfand.

Spieglein, Spieglein im deutschen Land,
wer schwingt zum Hitlergruß ungeniert die Hand?
Es ist derselbe Pöbel wie damals, welch Schand.

Spieglein, Spieglein im deutschen Land,
wer hat wohl politische Leitlinien verkannt?
Die anderen sind die Nazis, wie eklatant.

Spieglein, Spieglein im deutschen Land,
warum schaust du so ohnmächtig und gebannt?
Auch du verachtest sie, leistest Widerstand.

Spott begegnet Trott

Armselige deutsche Recken,
an vorderster Front mit dabei.
Ihre ungeteilte Macht entdecken,
fühlen sich dadurch frei.

Wen wollt ihr damit aufwecken,
mit jenem frevelhaften Einheitsbrei?
Mal soeben linke Zecken erschrecken,
weil sie verachten eure Partei?

Möglichst bösartig überall anecken,
Hauptsache wirkungsvolle Hetzerei.
Eigene Fakenews gezielt aushecken,
Wirklichkeit vermarktet als Plauderei.

Das mag manche gar abschrecken,
diese immer deutlichere Raserei.
Euer erwünschtes Ziel dadurch bezwecken,
ebenso mit dabei die Polizei.

Doch wer soll's am Ende vollstrecken,
jenes menschenverachtende Einerlei?
Möglichst viele Unerwünschte verrecken,
damit ihr frei jeglicher Tadelei?

Stahlsäulen unterwegs

So ein Shit,
schon wieder ein Monolith
auf dem Acker.
Die Säulen halten sich wacker.

Alle Welt fragt,
was uns solches sagt.
Eine Warnung, ein Zeichen,
sollen die Reichen etwa weichen?

Erinnerungen an Odyssee 2001 werden wach,
dem Aufmerksamen sofort ins Auge stach.
Nachahmer unterwegs uns zu verunsichern,
dabei im stillen Kämmerlein kichern?

Es könnten auch Alliens aus dem All sein,
am Ende Weltbeherrschung und Pein?
Spekulationen und Verschwörungen suchen sich Raum,
Despoten fiebern entgegen ihrem Traum.

Doch könnte auch eine Mahnung dahinterstecken,
die soll so manches real bezwecken.
Vielleicht mal all die Schandtaten zu überdenken,
folglich so gar kein Ablenken.

Stilles Gebet

Lieber Gott im Himmel,
hab noch schnell gebetet
vor lautem Kirchengebimmel,
laß die Menschen mehr friedlich sein,
nicht nur so zum Schein,
auch hat Berta keineswegs Recht,
weil abends ward mir schlecht,
der Rudi hat's zu doll mit mir getrieben,
ich möchte' aber keine Kinder kriegen.

Lieber Gott an Regentagen,
hab noch schnell gebeichtet,
muß dir was Wichtiges sagen.
Warum stehst du mir nicht immer bei,
so wie kürzlich des nachts um drei?
Hätt' meine Schwester mich nicht gewarnt,
daß der Rudi hat zuvor Anita umgarnt,
das Kondom ich nie ihm geraten hätt'.
Bertas Frühwarnsystem traf sich nett.

Lieber Gott auf Erden,
hab das Beten ausgelassen,
mit uns kann's nichts mehr werden.
Seit zwei Jahren plagen mich die Kinder,
meine Trauer sieht fast jeder Blinder,
mit dem Rudi war's schnell passé,
seine Versprechen tun mir nicht mehr weh.
Seitdem ich vom Glauben hab abgeschworen,
fühl ich mich wie neu geboren.

Stillgestanden

Fachkompetenz trifft faulen Lenz,
ach, wohin des Wegs? Na, nen Keks?
Es tönen Phrasen, man kann's nicht lassen,
allen voran dieser Merz, ohne Scherz.

Von Fleiß ist die Rede, ohne Scheiß,
sagt sich leicht, wenn Birne von Kohle aufgeweicht.
Hat mit Essen weniger zu tun, du dummes Huhn,
vielmehr mit Arroganz, wat fürn Affentanz!

Aber mal zurück zu jenem Hans im Glück,
der da Friedrich genannt. Welch Schand.
Sowas will einen auf Kanzler machen, nix zu lachen
haben die, die man ohnehin behandelt wie Vieh.

Immer schön nach unten treten vor lauter Moneten,
die einem das Leben versüßen, andere verdrießen.
So schließt sich der Kreis. Und manch einer weiß,
morgen wird in Uniform marschiert. Kapiert?!

Stunde Null nagt

Leise ziehen Kreise
auf ihre ganz eigene Weise
manch denkwürdige Schneise,
eine holprige Reise.

Schäbige Sätze
finden willige Hetze,
manch einen verletze
beim fleißigen Messergewetze.

All der Dreck muß weg,
woran das wohl läg,
wer als Made im Speck
entlarvt als tröger Gag?

Farbenfroh abgelöst,
was da vor sich hin döst,
viele längst abstößt,
Ängste gar einflößt.

Irrlichter schwirren umher,
bereuen herzlichst so sehr,
verfluchen jenes Mittelmeer,
nichts dabei ist fair!

Trennung

Fliederduft liegt in der Luft,
sie blickt ihm entgegen, nach oben,
bezeichnet ihn als gemeinen Schuft,
er antwortet gänzlich verschroben,
nichts tät ihm in keiner Weise leid.

Stumm schauen die beiden sich an,
sind sie wieder zum Frieden bereit?
Oder befällt sie nunmehr ein Bann,
für immer auseinanderzugehen?

Den wirklich tieferen Sinn,
den wollen viele nicht verstehen.
Wo führen solche Streits nur hin?

Es mag uns wachsen lassen,
an Erfahrung und Wissen,
zu beenden jenes sinnlose Hassen,
hinterher fühlen wir uns eh beschissen.

Trump als plumper Lump

Das Weiße Haus ist mein,
weil ich bin das Schwein.
Ihr anderen seid so gemein,
daher bin ich jetzt allein.
Doch das darf nicht sein,
ich fühl mich somit klein.
Welch ungerechte Pein,
schluß mit dem blöden Reim.

Einmal Präsident, immer Präsident,
hurra, das Weiße Haus brennt.
Was hab ich für ein Talent,
erst recht alle Welt mich jetzt kennt.
Nicht aufregen, einen Moment,
mein Genie niemand erkennt?
Ich sag's mal völlig ungehemmt:
Ihr mir mein Amt nicht gönnt!

Verbannt erkannt

Kein Widerstand
kommt auf
trotz all der Verbrechen,
die täglich uns belasten.
Habt ihr noch alle Tassen
im Schrank?
Das ist krank!

Rufe ohne Widerhall
erklingen
im zerstörten Raum,
den Mensch hinterlassen.
Habt ihr noch alle Tassen
im Schrank?
Das ist kein Schwank!

Ein stilles Dasein
fristen,
mag hilfreich sein,
wer in sich kehrt.
Stoppt jenes gefährliche Prassen,
sortiert die Tassen.
Einfach Kapitalismus verlassen.

Vergriffen im Ton

Geistig rege sollte es schon sein,
das Gespräch zwischen uns,
nicht nur so zum Schein
wie bei Hinz und Kunz.

Wer wird denn gleich Namen angehen,
was können die dafür?
Das möcht' sie keineswegs verstehen,
weist entschieden ihm die Tür.

Zerknirscht und voller Reue zieht er davon,
sehnsuchtsvoll ein Blick zurück.
Das war wohl der richtige Ton,
verhindert unnötiges Unglück.

Drum prüft man eher seine Worte,
schnell vermögen sie verletzen.
Egal an welch kuscheligem Orte,
das mögen viele so gar nicht schätzen.

Verstaubt, ergraut, erlaubt

Verbissen gelangweilt dreingeschaut,
Nachbars Jungen mal soeben verhaut.
Solch Erzählung schlichtweg geklaut,
so was man sich auch traut.
Ne Type, ganz toll gebaut,
keineswegs wirklich versaut,
stimmgewaltig und somit laut.
Nach seinem Auftritt wächst kein Kraut,
eine gewisse Gegenwut sich aufstaut.
Ein Kätzchen im Hof versteckt miaut,
schwarz-weiß gestreift, nur noch Knochen und Haut.
Frühling noch weit weg, eh alles taut,
aus der Kirche tritt eine stolze Braut.
Sie hat noch an Liebe geglaubt,
ihrem neuen Mann vertraut.
Der war in seiner Jugend ein Scout,
einerlei und überhaupt,
wird beiden schon bald Zeit geklaut.

Vive Notre Dame

J'ai le cœur gros,
bin gar ein Stückweit entrückt,
dann ist das halt so,
Notre Dame abgebrannt,
merde, verdammt!

Während viele berechtigt trauern,
gänzlich ohne miese Gedanken,
andere mit Bösartigem lauern.
Die Kathedrale im Herzen von Paris
manch Halt dem ein oder anderen hinterließ.

J'ai le cœur gros,
mit mir viele Menschen.
Häme hierbei ein absolutes NoGo.
Selbst wenn Kirche noch so frevelhaft,
dadurch erneuter Unfrieden klafft.

Von wegen Ehre

Ein falsches Lächeln
im Gesicht
schaut dich keck an,
während es Trump wählt,
der Rassismus fördert,
per Haß das Land spaltet.
Toleranz und Freiheit
Stars and Stripes bedeuten,
jene falschen Fans nichts bereuten,
Hauptsache von Wahlfälschung schwafeln,
stets fürstlich tafeln.

Ein verlogenes Lächeln
im Gesicht
zeugt von Ehre und Loyalität,
dessen Trugbild Vorbild für viele.
Doch zu wessen Ziele?
Herrenmenschengehabe
hat die denkwürdig brutale Gabe,
stets Despoten zu hofieren,
sie haben nichts zu verlieren,
außer ihre Macht zu vermehren,
wovon Generationen scheinbar zehren.

Was folgt beim IQ?

Intelligenz ein Zauberwort,
manches entfesselt,
wenig bewirkt,
neugierig macht.
Wer das wohl entfacht?

Intelligenz in aller Munde,
ein Gradmesser,
Vergleiche zieht,
Streit aufkommt.
Diskussionen folgen prompt?

Intelligenz schafft keine Transparenz
im friedlichen Miteinander,
erweckt oftmals Neid,
man sei doch so gescheit.
Anecken während der Kindheit?

Intelligenz ein Zauberwort,
manches verdeckt,
wenig Inhalt vermittelt,
auch nur eine schnöde Zahl.
Wer hat dabei noch eine Wahl?

Was wäre wenn

Einmal durch die Welt reisen
ohne irgendwelche Bedenken,
Geschichten dabei anpreisen,
sich gedanklich verrenken,
das wäre schon ein hehres Ziel.

Einmal stundenlang in der Badewanne liegen
ohne schlechtes Gewissen,
in seinen Träumen mal davonfliegen,
sich verstricken in durchdachten Prämissen,
das wäre ganz sicher ein schönes Gefühl.

Einmal sich einfach so gehen lassen
ohne anmahnendes Verantwortungsbewußtsein,
wie ein Kind sich bloß nicht anpassen,
schon gleich gar nicht nur so zum Schein,
das wäre doch mal ein interessanter Deal.

Wege aus dem Chaos

Du weißt längst, daß die Zeit keineswegs alle Wunden
heilt,
fühlst dich vehement eingekeilt,
obendrein allein gelassen,
läufst irritiert durch manche Straßen.

Du hast den Zeitpunkt einfach verpaßt,
verweilst gedankenverloren, gänzlich ohne Hast,
tief im Innern demutsvoll,
hegst du den ein oder anderen Groll.

Du weißt längst, daß Wut ein schlechter Ratgeber ist,
fühlst dich dennoch oftmals angepisst,
gleichwohl nicht zu unrecht,
selbst wenn sie sich hinterher rächt.

Du hast den Zeitpunkt diesmal nicht verpaßt,
sondern handelst entsprechend gezielt gefaßt,
voller Überzeugung, mitnichten zaghaft,
all die Mißstände zu beseitigen, gibt dir die Kraft.

Weisheit möge folgen

Trockenheit zunehmend für Dürre sorgt,
was hat Mensch dabei nur ausgeborgt?
Ignoranz treibt Possen ohne Unterlaß,
Kapital und Globalismus macht dies Spaß.

Hauptsache der Profit am Ende stimmt,
Arbeitgeber auf Ausbeutung getrimmt.
Klima- und Umweltschutz interessiert nicht die Bohne,
auf daß Geldflüsse niemand mehr verschone.

Politik dabei sitzt sattelfest mit im Boot,
geprelltes Volk vor Wut sieht oftmals rot.
So hat manch Opfer das Nachsehen,
wie lang soll dies noch geschehen?

Aus der Geschichte bisher wurde wenig gelernt,
Mensch hat sich von seinen Geboten dabei entfernt.
Mögen folgende Generationen es besser machen,
eine andere, weisere Zeitepoche entfachen.

Weißt du noch?

Weißt du noch, wie wir Träume hatten von
Freiheit, Gleichheit und Brüderlichkeit?
Sie gingen verloren in einer Welt spitzer Ellenbogen,
in der wird betrogen, Verwobenes anerzogen und
gelogen,
nur damit Eliten ihre Pfründe zählen in ihrer
Scheinheiligkeit.

Weißt du noch, wie wir gemeinsam „Love and Peace"
zelebrierten,
als Worte von Hesse, Gandhi und Fromm etwas galten?
Sie bleiben unbeachtet vor lauter Brot und Spiele,
weil brillant inszenierte Ablenkung dient nur einem Ziele:
den Reichtum ins Unermeßliche anhäufen und verwalten.

Weißt du noch, wie wir auf die Straße gingen, um zu
demonstrieren
für Nicaragua, gegen AKWs und den
Natodoppelbeschluß?
Am Ende siegte das Kapital, brauchte es zwei GAUs und
fiel die Mauer,
um der Menschheit zu offenbaren, Humanismus sei nicht
auf Dauer, -
Nahrung, Energie, Wissen vorhanden für alle, im
Überfluß.

Weißt du noch, wie wir meinten, machtlos resignieren zu
müssen,
obwohl so viele Mißstände uns täglich ermahnten?
Wie unbedarft selbstgefällig Ignoranz sich Wege der
Ablenkung sucht,
während unsereins sich abmüht zu helfen, den Mammon
verflucht?

Wie schon damals sich gewisse Entwicklungen ungebremst anbahnten?

Weißt du noch, wie wir erhobenen Hauptes meinten, uns durchzusetzen,
wenngleich Lohnnullrunden und Sozialabbau aufkamen?
Das war der Anfang vom Ende einer gerechten Gesellschaft,
wer's nicht duldete, sich wehrte, stand im Abseits, wurde begafft!
Beziehungen entzweit, im Alltag immer mehr Familiendramen.

Weißt du noch, wie wir trotzdem im Kleinen versuchten, uns zu finden,
in dem ein neues Bewußtsein sich Wege der Entfaltung ersann?
Anfangs zögerliches Staunen die Folge, sich dennoch viele aufrafften,
die Ausharrenden, verloren Geglaubten überredeten, es schafften,
der Welt das wiedergefundene Sein zu zeigen. Du fragst: wann?

Weißt du, es mag alles als eine hoffnungslose Illusion anklingen,
in der wir scheinbaren Hirngespinsten nachjagen.
Doch wer nicht bereit, eine bösartige Entwicklung zu erkennen,
muß mit dem Vorwurf leben, vor Problemen wegzurennen,
anstatt die eigentlichen Urheber unerschrocken anzuklagen!

Weit verzweigt im Hier und Jetzt

Überall und nirgendwo,
selbstvergessen im Chaos,
saßen sie und dachten.
Andersrum und sowieso,
im südostasiatischen Laos
Menschen herzhaft lachten.

Einzigartig und ganz froh,
im Bad lärmender Menge,
folgten sie ihren Worten.
Fraglos und im Status quo,
trotz all jenem Gedränge
durchschritten sie manch Pforten.

Überall und im Hier und Jetzt,
Wochen später nach alldem,
schrieben sie ein Buch.
Weit verzweigt und vernetzt,
das Internet durchaus bequem
macht ihr Erzählen zum Beruf.

Einzigartig und ohne Scheu,
eine gefühlte Ewigkeit her,
wußten sie ob ihres Seins.
Liebevoll sich selbst ganz treu,
gedanklich quer und dennoch fair
gibt es kein meins oder deins.

Wenn das Gewissen plagt

Das wäre mal gelacht,
kommt erst recht in Betracht,
hat manch Diskussion entfacht,
das Ding mit jener Macht,
wenn's bald schon kracht.
Haben nicht nur Seher vorhergesagt.
Wer das wohl gewagt?
Kaum jemand, der betagt.
Niemand es euch sagt.
Hinterher keiner sich beklagt,
die Wahrheit folgt stets ganz sacht.
Weder am Tag noch bei Nacht,
weil zu viele haben gejagt.

Wenn die Welt den Atem anhält

Wahlschlammschlacht ihr Ende fand,
viel Hetze und Lügen kursierten
beim kriegsgeilen Hegemon.
Welch merkwürdig engmaschiges Band,
manch Stories müde herumirrten,
es herrschte ein aggressiver Ton.

Mit Killary ein Weltkrieg vermutet ward,
dem Donald Prozesse noch bevorstehen,
das Volk überraschend ihn wählte.
Eine zweite Eiserne Lady erschien doch zu hart,
da half ihr auch kein inständiges Flehen,
hier nur noch handfester Protest jetzt zählte.

Die Menschen mißtrauen dem Globalismus,
dem bisherigen Establishment,
wollen einfache Lösungen, die Trump versprach.
Hinfort mit all dem verlogenen Idealismus,
manch trickreichem Kompliment.
Man sieht doch die Armut, was alles liegt brach.

Der Trump soll's nunmehr geschickt richten,
egal was er im Wahlgetümmel von sich gab,
jetzt zählt man auf sein versprochenes Wort.
Vorbei die Zeit, wo Politik ist am Dichten,
als genug Ärger entblättert vor ihr lag,
Menschen litten von Raub bis eiskalten Mord.

Wenn die Welt den Atem anhält,
da genug Ungelöstes Menschen sorgt,
und man sich von den USA viel verspricht,
ja, dann selbst jede kleine Hoffnung zählt,
selbst wenn ein Trump sich ne Lüge borgt,
Hauptsache erhoffter Frieden nicht bricht.

Wetterkapriolen

Regentropfen trommeln an die Scheiben
ohne Unterlaß
an diesem Frühlingstag.
Somit den Winter naß vertreiben,
verderben den Spaß,
der noch vor uns lag.

Sturmböen sich dazu gesellen
fast wie ein Orkan
am Nachmittag im Ort.
Manch Geschichte sie erzählen
voll euphorischem Elan
in einem fort.

Dem Wetter sollte man nie trauen,
sich auf erfahrenes kaum verlassen,
das sei der beste Weg.
Daher eher nützlich vorbauen,
beobachtend sorgfältig aufpassen,
dient solch Schutz dem Zweck.

Wetterkapriolen kein Zufall

Nässe findet stets ihre Wege,
schleicht sich ohne Unterlaß,
das Land wird naß,
man sich ins Trockene begebe.

Wetterextreme begleiten uns
meist von ungefähr.
Das sei nur eine billige Mär,
soll blenden Hinz und Kunz.

Mensch mag im Dunkeln tappen,
Hauptsache er nützt den Eliten,
falls nicht, gibt's genug Leviten,
die uns gelesen, Fallen zuschnappen.

Wer an den Zufall noch glaubt,
den haben sie längst eingeseift,
auf daß da nichts mehr reift,
uns die Sinne, der Verstand wird geraubt.

Ein jeder wie er kann und mag,
solange Kräfte ihn begleiten.
Es gilt dabei, sich vorbereiten
auch an einem nassen Wolkentag.

Windstärke 12 am Meer

Regentropfen fielen vom Himmel pausenlos,
fanden ihren Weg wie stets gen Erde.
Ach, wie ich als Kind das Naß genoß,
mich gern daran erinnern werde.

Wenn obendrein ein Sturm aufkommt,
erscheinen Bilder vorm geistigen Auge.
Entfachen gar Furcht recht gekonnt,
ob solches wohl tauge?

Erinnerungen hilfreich uns warnen,
wachsam in Zukunft zu sein.
Vielleicht keck uns umgarnen,
dennoch niemals nur so zum Schein.

Das kühle Naß verdunstet irgendwann,
Mensch und Natur verspüren keinen Durst.
Solch Stimmung zieht dich in den Bann,
obwohl manch einem völlig wurscht.

Damals ein Orkan eine Halbinsel überflutet hat,
wo zuvor noch Urlaubsstimmung uns erfreute.
Ich sag's mal ganz platt:
Die Folgen waren schlimm für die meisten Leute.

Wohlgenährt es zehrt

Massentierhaltung in aller Munde.
Wer tut wohl dabei Kunde,
wieviel Leid sinnvoll sei?
Einerlei,
Mensch setzt seinen Weg unbeirrt fort,
es zählt mitnichten manch kritisches Wort.
Hauptsache den Wanst vollgestopft,
egal ob Blut in Schlachthäusern tropft.

Zwischen den Zeilen

Wenn ich einmal nicht mehr bin,
wo geht die weitere Reise hin?
Das ergibt doch keinen Sinn
so ganz ohne neuen Beginn.

Das Leben einmalig sein soll,
find ich keinesfalls wirklich doll.
Manch einem erscheint's sinnvoll,
ein anderer hegt am Ende viel Groll.

Wenn ich einmal gehen muß,
so gänzlich ohne Verdruß,
dann kommt der große Schluß?
Was für ein blöder Stuß!

Der Tod letztlich nur eine Schwelle,
rückt dem Leben am Ende auf die Pelle.
Nur mal so auf die Schnelle,
es gibt keine Zufälle.

Wenn ich einmal nicht mehr will,
weil zu viel dieser Lebensdrill,
das klingt vielleicht ein wenig schrill,
erwartet mich ein neues Ziel.

Zwischen manch Zeilen

Finde den Zusammenhang,
nicht irgendwann.
Trau dir mehr zu,
sonst hast du keine Ruh.
Mut nur ein billiges Argument
eingegossen in Zement.
Manch Reise führt ins Leere,
am Wegesrand ich eine Scherbe aufkehre.
Erinnerung bleibt stets erhalten,
eher leise Töne widerhallten.
Welchen Zeiten wir entgegengehen,
was mag da noch alles geschehen?
Zukunftsängste sind für die Katz,
jedes Leben ein wahrer Schatz.

Lotar Martin Kamm, Jahrgang 1957, geboren in Tübingen, als Kleinkind aufgewachsen in Schottland, gelernter Möbelschreiner, gearbeitet als Bühnentischler, Holzbildhauer, lebt im Oberbergischen Kreis, betreibt die Journalismusplattform "querdenkende.com", moderiert beim Web-Radio "Radiobase".